AF245084

ary
SOUVENIRS

DE

LA GUERRE CARLISTE

PAR

M. le comte DE CHARDONNET

Tel un voyageur cherche au bout du monde des sites ou des mœurs qu'il rencontrerait près de lui, tel un observateur retrouve chez un peuple voisin les événements et les passions qui ont agité notre coin de terre, et qui semblaient relégués dans les lointains effacés de l'histoire.

Incapable de me reconnaître dans les vieilles chroniques, je voudrais vous faire partager quelques-unes des impressions que m'ont laissées les scènes héroïques, les tableaux pittoresques entrevus pendant la dernière guerre carliste. Ne vous feront-ils pas mieux comprendre les luttes pour l'indépendance, l'attachement aux coutumes provinciales que nous retracent avec un juste orgueil les historiens de la Franche-Comté?

Je ne viens point vous parler politique, Dieu m'en garde! Vingt ans ont passé depuis la pacification de l'Espagne; les guerres carlistes sont tombées, à leur tour, dans le domaine de l'histoire, mais d'une histoire contemporaine, qui s'est déroulée sous nos yeux, chez un peuple auquel nous sommes liés par tant de souvenirs, par tant de sympathies. Beaucoup d'entre vous ont connu les combattants de la première guerre carliste; ces vétérans avaient trouvé à Besançon de précieux secours, de vives sympathies, dont j'ai rencontré le souvenir reconnaissant dans tout le nord de l'Espagne.

Saurai-je vous montrer, dans une rapide esquisse, comment naît une guerre populaire, comment elle se soutient, malgré la supériorité du nombre et des ressources de l'ennemi?

En 1872, un prince italien, dont l'avènement est lié pour nous à de si cruels souvenirs, régnait sur l'Espagne, qui supportait avec peine, mais avec patience, la domination d'un étranger. Seuls, les fils des soldats de Charles V, froissés dans leurs sentiments religieux et monarchiques, menacés dans leurs franchises provinciales, cherchaient au fond de leurs cachettes les tromblons rouillés de leurs pères. Apprenant qu'un chef de l'ancienne guerre se levait dans la montagne, les volontaires jeunes ou vieux, après s'être courbés sous la bénédiction du prêtre, arborant le Sacré Cœur sur leur poitrine, allaient rejoindre leur nouveau chef dans une cabane de berger et lui demander un fusil de guerre. Mais déjà les insurgés sont signalés, poursuivis par les carabiniers, et le chef carliste, montrant dans le lointain les soldats qui viennent pour le cerner, dit à sa nouvelle recrue : « Des fusils, je n'en ai pas ! mais voilà qu'on nous en apporte : allons chercher le tien ! » Bien souvent, en effet, les soldats tombaient dans l'embuscade, et laissaient aux mains des insurgés armes et munitions. Les guérillas grandissaient, les compagnies devenaient des bataillons; il y eut, dans la Catalogne et le royaume de Valence seulement, jusqu'à cinquante mille hommes armés des dépouilles de l'ennemi : fusils, munitions, chevaux, artillerie même!

Mais le succès ne répondait pas toujours à l'audace, et la petite troupe en formation en était bien souvent réduite à la retraite devant des détachements nombreux, dont les mouvements combinés barraient tous les chemins.

Alors commençaient, à travers les rudes montagnes pyrénéennes, des poursuites sans trêve et sans fin, ne laissant aux carlistes ni repos ni répit, mettant en pleine lumière l'endurance et le caractère de ce volontaire espagnol, à qui un verre d'eau, un air de mandoline, rend sa verve et sa vigueur. Un jour, Savalls, le célèbre chef catalan, arrive dans un village, suivi depuis trois jours par son plus redoutable ennemi ; il avait gagné de l'avance, et croyait pouvoir donner un repos indispensable à ses soldats exténués. Mais on lui annonce que la colonne madrilène redouble de vitesse et sera là dans deux heures !

Savalls, alors, fait jouer.... les guitares, battre.... les tambourins, et convoque la population à un bal sur la place. A ce bruit, les soldats se raniment et se mêlent aux danseurs.... La fatigue avait disparu.... On sonne la marche, et Savalls peut, cette fois encore, regagner la montagne.

Le territoire occupé grandissait en même temps que les forces carlistes. D'abord un rocher, un coin de forêt, puis des villages, des bourgs, reliés bientôt entre eux par des colonnes mobiles ; puis un gouvernement régulier, servi par les municipalités élues, est établi au nom de Charles VII. Des places de dépôt et de refuge sont installées à l'abri de toute surprise ; sur les sentiers abrupts qui y conduisent, les carlistes aux bérets rouges, groupés à la Salvator Rosa, montent la garde et exigent le mot de passe ; enfin, ils descendent dans la plaine, s'emparent des villes, et dominent la contrée, qui les acclame.

Tel est un faible aperçu du soulèvement catalan.

Dans la Haute Navarre, les carlistes s'étaient réunis au nombre de plusieurs milliers, le 4 mai 1872, autour de Don Carlos, proclamé, ainsi que l'avait été son grand-père, roi d'Espagne et seigneur de Biscaye. Accourus sans préparation, sans armes et sans discipline, ils ne purent résis-

ter au premier choc, et l'insurrection naissante parut
étouffée. Les chefs préparèrent alors en silence une prise
d'armes régulière, et leur travail dura toute une année.
Le moment venu, les députations provinciales, les municipalités, prirent elles-mêmes la direction du mouvement.
Les bataillons furent équipés, soldés et nourris au moyen
de contributions et de réquisitions levées par les chefs
élus du pays. Au milieu des embarras, des dangers d'une
pareille guerre, la gestion financière fut tellement sage
et désintéressée, que l'entretien des troupes a coûté bien
moins cher que dans toute autre armée d'Europe ; les
commissaires du gouvernement central, appelés, après la
pacification de 1876, à vérifier les comptes des vaincus,
n'ont pu que s'incliner devant la probité et l'économie de
cette administration. Le roi Charles VII, qu'on acclamait,
auquel on obéissait jusqu'à la mort, comme chef politique
et militaire, respectueux lui-même des franchises provinciales qu'il avait juré de maintenir, ne pouvait lever un
centime d'impôt, tout subside étant librement voté par les
élus du peuple : le Roi lui-même recevait les rations de
vivres allouées par eux, comme ses simples officiers, et
toute autre dépense personnelle était payée sur sa fortune
privée. C'est ainsi, si je ne me trompe, que nos pères com-
prenaient l'alliance de l'autorité avec la liberté.

Des armes furent achetées en Angleterre et introduites
en Espagne, malgré la surveillance des autorités françaises
et espagnoles, mais au prix de quels sacrifices et de quels
dangers !

Figurez-vous cette longue file de jeunes gens accourus,
sur un signe, de villages éloignés, gravissant silencieuse-
ment, par la nuit et l'orage, les rudes sentiers pyrénéens,
connus des seuls contrebandiers ; leurs épaules plient sous
le poids des fusils et des cartouches ; il faut marcher sans
bruit, arriver avant l'aurore, échapper aux ennemis, les
carabiniers espagnols, et surtout aux amis, les gen-

darmes français, tous sympathiques aux carlistes, mais obligés de les arrêter, en exécution de leur consigne! Deux guides conduisent cette troupe : un contrebandier vieilli dans le mépris des lois humaines, mais fidèle à son drapeau; un député de la province, grand seigneur, homme du monde, homme d'esprit.... Le contraste entre ces deux hommes, marchant avec le même cœur au même but, n'est-il pas un symbole de l'union sociale qui rend les peuples invincibles?

Mais ces transports par la montagne étaient trop lents pour armer 30,000 à 40,000 hommes dans les provinces vasco-navarraises ; il fallut charger clandestinement des navires anglais, les diriger vers les côtes de Biscaye sous la surveillance d'équipages carlistes, et débarquer, de gré ou de force, la contrebande de guerre. Vous figurez-vous quelles difficultés il a fallu surmonter à une époque où les polices de tous les gouvernements ont pour auxiliaires l'électricité, la vapeur! Et pourtant, ces expéditions arrivaient au but!

Grâce à ces efforts, Charles VII put rentrer en Navarre au mois de juin 1873, acclamé par le peuple et l'armée, qui lui avaient taillé un petit royaume. Il y régna pendant trois ans, en dépit de toute la puissance des trois gouvernements qui se succédèrent à Madrid. Souverain, en fait, de la plus grande partie de la Navarre espagnole, des provinces basques, de vastes territoires en Catalogne et dans le royaume de Valence, il commanda pendant deux ou trois ans à près de cent mille soldats. Le peuple carliste considérait cette guerre comme une guerre d'indépendance religieuse et politique, et pourtant ces mêmes carlistes étaient prêts à s'unir à leurs ennemis d'un jour pour se sacrifier à la défense de la patrie commune; témoin les prisonniers carlistes envoyés contre les insurgés de Cuba, qui donnèrent aux soldats de Madrid l'exemple de la vaillance et du patriotisme.

Le premier acte de Charles VII fut de confier le soin des blessés à sa femme, Marguerite de Bourbon, de pieuse mémoire. Cette princesse fut généreusement aidée par la Croix-Rouge française et par des souscriptions recueillies en France, notamment à Besançon. Elle installa, partout où ce fut utile, suivant les prescriptions de la science moderne, des ambulances, des hôpitaux, où les blessés, les malades des deux armées recevaient les mêmes soins affectueux, les mêmes consolations. Son œuvre « la Caridad » peut servir de modèle à toutes les œuvres hospitalières.

La tâche était rude, de soutenir cette guerre. Mais les peuples basques ont toujours résisté, depuis les temps préhistoriques, à toute domination étrangère à leur race. Ils ont repoussé les invasions du midi comme celles du nord : c'est pourquoi les rois d'Espagne ont reconnu aux plus humbles d'entre eux la noblesse héréditaire ; le paysan basque attelle ses bœufs sous son porche armorié ; le sang répandu dans les luttes séculaires coule sans mélange dans ses veines.

Un dixième de la population était sous les armes ; le reste subvenait aux besoins incessants de la guerre, et d'une guerre moderne, où les munitions étaient toujours insuffisantes, toujours à renouveler. Que de fois le commandement, cachant sa pénurie, refusa de livrer bataille parce que les gibernes étaient vides ! La cartouche moderne, si vite brûlée, est un chef-d'œuvre de l'industrie la plus perfectionnée ; elle ne peut être fabriquée qu'avec un outillage complet, par des ingénieurs spéciaux ; il fallait l'acheter à l'étranger, la ménager ! avec quelle parcimonie ! A la bataille d'Abarzuza, où cinquante mille hommes environ étaient engagés, les carlistes possédaient chacun dix cartouches. Aussi reçurent-ils l'ordre de demeurer dans leurs retranchements et de laisser venir l'ennemi à cinquante mètres avant de tirer. L'ordre fut exécuté ponctuellement, tous les assauts furent repoussés et les carlistes, s'élançant à la baïonnette, mirent en déroute l'armée du maréchal Concha, qui fut tué sur place.

Il en fut de même aux lignes de circonvallation de Bilbao ; les carlistes, blottis pendant trois mois au fond de leurs tranchées, dans l'eau ou la neige, essuyèrent le feu d'une formidable artillerie de position, et repoussèrent, par des salves à bout portant, les colonnes d'attaque qui revenaient sans cesse plus nombreuses. Peu à peu, toute l'armée espagnole s'était concentrée devant cette ligne infranchissable de tirailleurs. Enfin le nombre l'emporta ; impuissantes à vaincre de front, les troupes du gouvernement étendirent leur aile droite à trois lieues de distance et tournèrent, une nuit, les positions carlistes. On sonna la retraite, les volontaires évacuèrent leurs lignes et se concentrèrent en arrière de la ville, avec le sang-froid et la précision du champ de manœuvres.

Ceux qui ont vécu alors parmi ce peuple, amis, ennemis, n'ont pu se défendre d'admirer cette conviction profonde de ses droits et de ses devoirs, qui ne lui laissait qu'un cœur et qu'une âme au service de sa devise : Dieu, Patrie et Roi ! Quand Charles VII, entouré de prêtres et de soldats, s'agenouillait sous un dais à l'église, on croyait voir une de ces scènes retracées par les enluminures du moyen âge ; ce peuple, malgré ses misères et ses deuils, était heureux de marcher dans son idéal, aux échos de la *Marche royale* et des cantiques sacrés !

Mais les forces humaines ont des limites. En 1876 vinrent les jours sombres où les ressources du pays s'épuisèrent. Le retour d'un Bourbon sur le trône de Madrid, la défection de quelques chefs, des revers en Catalogne, l'hostilité déclarée de la France et de l'Allemagne, semèrent le découragement dans le peuple et dans l'armée : dès lors, ces vaillants étaient vaincus sans nouveau combat ; les armes leur tombèrent des mains ; don Carlos dut rentrer en France, salué, sur la frontière, par les bataillons de sa garde.

Grâce à son caractère et à sa volonté, Charles VII avait aboli les représailles sanglantes reprochées aux guerres espagnoles : les survivants de cette lutte chevaleresque pouvaient se tendre la main.

Aux guerres carlistes, comme à la guerre sans merci que l'Espagne fit à Napoléon, on a souvent appliqué le mot de *guérilla*, qui ne se traduit dans aucune langue, et qui voudrait dire *petite guerre*. N'est-ce point, au contraire, la *grande guerre*, celle qui exige tant de courage, tant de sacrifices, non seulement des combattants, mais de toute la nation? Eh oui! c'est la vraie guerre, celle qui rend inviolable le sol de la patrie ; celle où l'ennemi trouve les foyers déserts là où les paysans n'ont pu les défendre ; où les fiancées et les mères arment les guerriers; où les soldats vont affronter la mort, l'âme confiante dans les destinées futures. Demandez aux Carlistes, aux Vendéens, luttant durant de longues années sans trésors et souvent sans armes, si la force des armées se mesure au nombre, à la richesse, si le cœur et la volonté ne sont point les meilleurs gages de victoire.

On a souvent écrit que le grand empereur avait succombé sous les frimas de la Russie. Mais les auteurs de sa défaite ne furent-ils point ces patriotes, qu'il retrouva les mêmes dans les plaines glacées de Moscou comme sous les murs croulants de Saragosse, incendiant leurs demeures plutôt que de les laisser souiller par l'étranger? Et si Napoléon, après Bossuet, a dû saluer avec admiration l'héroïsme héréditaire des soldats espagnols, c'est que là-bas les prêtres portaient l'épée, comme les soldats portaient la croix.

BESANÇON. — IMPRIMERIE ET LITHOGRAPHIE DE PAUL JACQUIN